TRANZLATY
El idioma es para todos

Language is for everyone

La bella y la Bestia

Beauty and the Beast

Gabrielle-Suzanne Barbot de Villeneuve

Español / English

Copyright © 2025 Tranzlaty
All rights reserved
Published by Tranzlaty
ISBN: 978-1-80572-998-3
Original text by Gabrielle-Suzanne Barbot de Villeneuve
La Belle et la Bête
First published in French in 1740
Taken from The Blue Fairy Book (Andrew Lang)
Illustration by Walter Crane
www.tranzlaty.com

Había una vez un rico comerciante
There was once a rich merchant
Este rico comerciante tuvo seis hijos.
this rich merchant had six children
Tenía tres hijos y tres hijas.
he had three sons and three daughters
No escatimó en gastos para su educación
he spared no cost for their education
Porque era un hombre sensato
because he was a man of sense
pero dio a sus hijos muchos siervos
but he gave his children many servants
Sus hijas eran extremadamente bonitas
his daughters were extremely pretty
Y su hija menor era especialmente bonita.
and his youngest daughter was especially pretty
Desde niña ya admiraban su belleza
as a child her Beauty was already admired
y la gente la llamaba por su belleza
and the people called her by her Beauty
Su belleza no se desvaneció a medida que envejecía.
her Beauty did not fade as she got older
Así que la gente seguía llamándola por su belleza.
so the people kept calling her by her Beauty
Esto puso muy celosas a sus hermanas.
this made her sisters very jealous
Las dos hijas mayores tenían mucho orgullo.
the two eldest daughters had a great deal of pride
Su riqueza era la fuente de su orgullo.
their wealth was the source of their pride
y tampoco ocultaron su orgullo
and they didn't hide their pride either
No visitaron a las hijas de otros comerciantes.
they did not visit other merchants' daughters
Porque sólo se encuentran con la aristocracia.
because they only meet with aristocracy

Salían todos los días a fiestas.
they went out every day to parties
bailes, obras de teatro, conciertos, etc.
balls, plays, concerts, and so forth
y se rieron de su hermana menor
and they laughed at their youngest sister
Porque pasaba la mayor parte del tiempo leyendo
because she spent most of her time reading
Era bien sabido que eran ricos
it was well known that they were wealthy
Así que varios comerciantes eminentes pidieron su mano.
so several eminent merchants asked for their hand
pero dijeron que no se iban a casar
but they said they were not going to marry
Pero estaban dispuestos a hacer algunas excepciones.
but they were prepared to make some exceptions
"Quizás podría casarme con un duque"
"perhaps I could marry a Duke"
"Supongo que podría casarme con un conde"
"I guess I could marry an Earl"
Bella agradeció muy civilizadamente a quienes le propusieron matrimonio.
Beauty very civilly thanked those that proposed to her
Ella les dijo que todavía era demasiado joven para casarse.
she told them she was still too young to marry
Ella quería quedarse unos años más con su padre.
she wanted to stay a few more years with her father
De repente el comerciante perdió su fortuna.
All at once the merchant lost his fortune
Lo perdió todo excepto una pequeña casa de campo.
he lost everything apart from a small country house
Y con lágrimas en los ojos les dijo a sus hijos:
and he told his children with tears in his eyes:
"Tenemos que ir al campo"
"we must go to the countryside"
"y debemos trabajar para vivir"

"and we must work for our living"
Las dos hijas mayores no querían abandonar el pueblo.
the two eldest daughters didn't want to leave the town
Tenían varios amantes en la ciudad.
they had several lovers in the city
y estaban seguros de que uno de sus amantes se casaría con ellos
and they were sure one of their lovers would marry them
Pensaban que sus amantes se casarían con ellos incluso sin fortuna.
they thought their lovers would marry them even with no fortune
Pero las buenas damas estaban equivocadas.
but the good ladies were mistaken
Sus amantes los abandonaron muy rápidamente
their lovers abandoned them very quickly
porque ya no tenían fortuna
because they had no fortunes any more
Esto demostró que en realidad no eran muy queridos.
this showed they were not actually well liked
Todos dijeron que no merecían compasión.
everybody said they do not deserve to be pitied
"Nos alegra ver su orgullo humillado"
"we are glad to see their pride humbled"
"Que se sientan orgullosos de ordeñar vacas"
"let them be proud of milking cows"
Pero estaban preocupados por Bella.
but they were concerned for Beauty
Ella era una criatura tan dulce
she was such a sweet creature
Ella hablaba tan amablemente a la gente pobre.
she spoke so kindly to poor people
Y ella era de una naturaleza tan inocente.
and she was of such an innocent nature
Varios caballeros se habrían casado con ella.
Several gentlemen would have married her

Se habrían casado con ella aunque fuera pobre
they would have married her even though she was poor
pero ella les dijo que no podía casarlos
but she told them she couldn't marry them
porque ella no dejaría a su padre
because she would not leave her father
Ella estaba decidida a ir con él al campo.
she was determined to go with him to the countryside
para que ella pudiera consolarlo y ayudarlo
so that she could comfort and help him
La pobre belleza estaba muy triste al principio.
Poor Beauty was very grieved at first
Ella estaba afligida por la pérdida de su fortuna.
she was grieved by the loss of her fortune
"Pero llorar no cambiará mi suerte"
"but crying won't change my fortunes"
"Debo intentar ser feliz sin riquezas"
"I must try to make myself happy without wealth"
Llegaron a su casa de campo
they came to their country house
y el comerciante y sus tres hijos se dedicaron a la agricultura
and the merchant and his three sons applied themselves to husbandry
Bella se levantó a las cuatro de la mañana.
Beauty rose at four in the morning
y se apresuró a limpiar la casa
and she hurried to clean the house
y se aseguró de que la cena estuviera lista
and she made sure dinner was ready
Al principio encontró su nueva vida muy difícil.
in the beginning she found her new life very difficult
porque no estaba acostumbrada a ese tipo de trabajo
because she had not been used to such work
Pero en menos de dos meses se hizo más fuerte.
but in less than two months she grew stronger
Y ella estaba más sana que nunca.

and she was healthier than ever before
Después de haber hecho su trabajo, leyó
after she had done her work she read
Ella tocaba el clavicémbalo
she played on the harpsichord
o cantaba mientras hilaba seda
or she sung whilst she spun silk
Por el contrario, sus dos hermanas no sabían cómo pasar el tiempo.
on the contrary, her two sisters did not know how to spend their time
Se levantaron a las diez y no hicieron nada más que holgazanear todo el día.
they got up at ten and did nothing but laze about all day
Lamentaron la pérdida de sus hermosas ropas.
they lamented the loss of their fine clothes
y se quejaron de perder a sus conocidos
and they complained about losing their acquaintances
"Mirad a nuestra hermana menor", se dijeron.
"Have a look at our youngest sister," they said to each other
"¡Qué criatura tan pobre y estúpida es!"
"what a poor and stupid creature she is"
"Es mezquino contentarse con tan poco"
"it is mean to be content with so little"
El amable comerciante tenía una opinión muy diferente.
the kind merchant was of quite a different opinion
Él sabía muy bien que Bella eclipsaba a sus hermanas.
he knew very well that Beauty outshone her sisters
Ella los eclipsó tanto en carácter como en mente.
she outshone them in character as well as mind
Él admiraba su humildad y su arduo trabajo.
he admired her humility and her hard work
Pero sobre todo admiraba su paciencia.
but most of all he admired her patience
Sus hermanas le dejaron todo el trabajo por hacer.
her sisters left her all the work to do

y la insultaban a cada momento
and they insulted her every moment
La familia había vivido así durante aproximadamente un año.
The family had lived like this for about a year
Entonces el comerciante recibió una carta de un contable.
then the merchant got a letter from an accountant
Tenía una inversión en un barco.
he had an investment in a ship
y el barco había llegado sano y salvo
and the ship had safely arrived
Esta noticia hizo que las dos hijas mayores se volvieran locas.
this news turned the heads of the two eldest daughters
Inmediatamente tuvieron esperanzas de regresar a la ciudad.
they immediately had hopes of returning to town
Porque estaban bastante cansados de la vida en el campo.
because they were quite weary of country life
Fueron a ver a su padre cuando él se iba.
they went to their father as he was leaving
Le rogaron que les comprara ropa nueva
they begged him to buy them new clothes
Vestidos, cintas y todo tipo de cositas.
dresses, ribbons, and all sorts of little things
Pero Bella no pedía nada.
but Beauty asked for nothing
Porque pensó que el dinero no sería suficiente.
because she thought the money wasn't going to be enough
No habría suficiente para comprar todo lo que sus hermanas querían.
there wouldn't be enough to buy everything her sisters wanted
- ¿Qué te gustaría, Bella? -preguntó su padre.
"What would you like, Beauty?" asked her father
"Gracias, padre, por la bondad de pensar en mí", dijo.
"thank you, father, for the goodness to think of me," she said

"Padre, ten la amabilidad de traerme una rosa"
"father, be so kind as to bring me a rose"
"Porque aquí en el jardín no crecen rosas"
"because no roses grow here in the garden"
"y las rosas son una especie de rareza"
"and roses are a kind of rarity"
A Bella realmente no le importaban las rosas
Beauty didn't really care for roses
Ella solo pidió algo para no condenar a sus hermanas.
she only asked for something not to condemn her sisters
Pero sus hermanas pensaron que ella pidió rosas por otros motivos.
but her sisters thought she asked for roses for other reasons
"Lo hizo sólo para parecer especial"
"she did it just to look particular"
El hombre amable continuó su viaje.
The kind man went on his journey
pero cuando llego discutieron sobre la mercancia
but when he arrived they argued about the merchandise
Y después de muchos problemas volvió tan pobre como antes.
and after a lot of trouble he came back as poor as before
Estaba a un par de horas de su propia casa.
he was within a couple of hours of his own house
y ya imaginaba la alegría de ver a sus hijos
and he already imagined the joy of seeing his children
pero al pasar por el bosque se perdió
but when going through forest he got lost
Llovió y nevó terriblemente
it rained and snowed terribly
El viento era tan fuerte que lo arrojó del caballo.
the wind was so strong it threw him off his horse
Y la noche se acercaba rápidamente
and night was coming quickly
Empezó a pensar que podría morir de hambre.
he began to think that he might starve

y pensó que podría morir congelado
and he thought that he might freeze to death
y pensó que los lobos podrían comérselo
and he thought wolves may eat him
Los lobos que oía aullar a su alrededor
the wolves that he heard howling all round him
Pero de repente vio una luz.
but all of a sudden he saw a light
Vio la luz a lo lejos entre los árboles.
he saw the light at a distance through the trees
Cuando se acercó vio que la luz era un palacio.
when he got closer he saw the light was a palace
El palacio estaba iluminado de arriba a abajo.
the palace was illuminated from top to bottom
El comerciante agradeció a Dios por su suerte.
the merchant thanked God for his luck
y se apresuró a ir al palacio
and he hurried to the palace
Pero se sorprendió al no ver gente en el palacio.
but he was surprised to see no people in the palace
El patio estaba completamente vacío.
the court yard was completely empty
y no había señales de vida en ninguna parte
and there was no sign of life anywhere
Su caballo lo siguió hasta el palacio.
his horse followed him into the palace
y luego su caballo encontró un gran establo
and then his horse found large stable
El pobre animal estaba casi muerto de hambre.
the poor animal was almost famished
Entonces su caballo fue a buscar heno y avena.
so his horse went in to find hay and oats
Afortunadamente encontró mucho para comer.
fortunately he found plenty to eat
y el mercader ató su caballo al pesebre
and the merchant tied his horse up to the manger

Caminando hacia la casa no vio a nadie.
walking towards the house he saw no one
Pero en un gran salón encontró un buen fuego.
but in a large hall he found a good fire
y encontró una mesa puesta para uno
and he found a table set for one
Estaba mojado por la lluvia y la nieve.
he was wet from the rain and snow
Entonces se acercó al fuego para secarse.
so he went near the fire to dry himself
"Espero que el dueño de la casa me disculpe"
"I hope the master of the house will excuse me"
"Supongo que no tardará mucho en aparecer alguien"
"I suppose it won't take long for someone to appear"
Esperó un tiempo considerable
He waited a considerable time
Esperó hasta que dieron las once y todavía no venía nadie.
he waited until it struck eleven, and still nobody came
Al final tenía tanta hambre que no podía esperar más.
at last he was so hungry that he could wait no longer
Tomó un poco de pollo y se lo comió en dos bocados.
he took some chicken and ate it in two mouthfuls
Estaba temblando mientras comía la comida.
he was trembling while eating the food
Después de esto bebió unas copas de vino.
after this he drank a few glasses of wine
Cada vez más valiente, salió del salón.
growing more courageous he went out of the hall
y atravesó varios grandes salones
and he crossed through several grand halls
Caminó por el palacio hasta llegar a una cámara.
he walked through the palace until he came into a chamber
Una habitación que tenía una cama muy buena.
a chamber which had an exceeding good bed in it
Estaba muy fatigado por su terrible experiencia.
he was very much fatigued from his ordeal

Y ya era pasada la medianoche
and the time was already past midnight
Entonces decidió que era mejor cerrar la puerta.
so he decided it was best to shut the door
y concluyó que debía irse a la cama
and he concluded he should go to bed
Eran las diez de la mañana cuando el comerciante se despertó.
It was ten in the morning when the merchant woke up
Justo cuando iba a levantarse vio algo
just as he was going to rise he saw something
Se sorprendió al ver un conjunto de ropa limpia.
he was astonished to see a clean set of clothes
En el lugar donde había dejado su ropa sucia.
in the place where he had left his dirty clothes
"Seguramente este palacio pertenece a algún tipo de hada"
"certainly this palace belongs to some kind fairy"
" Un hada que me ha visto y se ha compadecido de mí"
"a fairy who has seen and pitied me"
Miró por una ventana
he looked through a window
Pero en lugar de nieve vio el jardín más delicioso.
but instead of snow he saw the most delightful garden
Y en el jardín estaban las rosas más hermosas.
and in the garden were the most beautiful roses
Luego regresó al gran salón.
he then returned to the great hall
El salón donde había tomado sopa la noche anterior.
the hall where he had had soup the night before
y encontró un poco de chocolate en una mesita
and he found some chocolate on a little table
"Gracias, buena señora hada", dijo en voz alta.
"Thank you, good Madam Fairy," he said aloud
"Gracias por ser tan cariñoso"
"thank you for being so caring"
"Le estoy sumamente agradecido por todos sus favores"

"I am extremely obliged to you for all your favours"
El hombre amable bebió su chocolate.
the kind man drank his chocolate
y luego fue a buscar su caballo
and then he went to look for his horse
Pero en el jardín recordó la petición de Bella.
but in the garden he remembered Beauty's request
y cortó una rama de rosas
and he cut off a branch of roses
Inmediatamente oyó un gran ruido
immediately he heard a great noise
y vio una bestia terriblemente espantosa
and he saw a terribly frightful Beast
Estaba tan asustado que estaba a punto de desmayarse.
he was so scared that he was ready to faint
—Eres muy desagradecido —le dijo la bestia.
"You are very ungrateful," said the Beast to him
Y la bestia habló con voz terrible
and the Beast spoke in a terrible voice
"Te he salvado la vida al permitirte entrar en mi castillo"
"I have saved your life by allowing you into my castle"
"¿Y a cambio me robas mis rosas?"
"and for this you steal my roses in return?"
"Las rosas que valoro más que nada"
"The roses which I value beyond anything"
"Pero morirás por lo que has hecho"
"but you shall die for what you've done"
"Sólo te doy un cuarto de hora para que te prepares"
"I give you but a quarter of an hour to prepare yourself"
"Prepárate para la muerte y di tus oraciones"
"get yourself ready for death and say your prayers"
El comerciante cayó de rodillas
the merchant fell on his knees
y alzó ambas manos
and he lifted up both his hands
"Mi señor, le ruego que me perdone"

"My lord, I beseech you to forgive me"
"No tuve intención de ofenderte"
"I had no intention of offending you"
"Recogí una rosa para una de mis hijas"
"I gathered a rose for one of my daughters"
"Ella me pidió que le trajera una rosa"
"she asked me to bring her a rose"
-No soy tu señor, pero soy una bestia -respondió el monstruo.
"I am not your lord, but I am a Beast," replied the monster
"No me gustan los cumplidos"
"I don't love compliments"
"Me gusta la gente que habla como piensa"
"I like people who speak as they think"
"No creas que me puedo conmover con halagos"
"do not imagine I can be moved by flattery"
"Pero dices que tienes hijas"
"But you say you have got daughters"
"Te perdonaré con una condición"
"I will forgive you on one condition"
"Una de tus hijas debe venir voluntariamente a mi palacio"
"one of your daughters must come to my palace willingly"
"y ella debe sufrir por ti"
"and she must suffer for you"
"Déjame tener tu palabra"
"Let me have your word"
"Y luego podrás continuar con tus asuntos"
"and then you can go about your business"
"Prométeme esto:"
"Promise me this:"
"Si tu hija se niega a morir por ti, deberás regresar dentro de tres meses"
"if your daughter refuses to die for you, you must return within three months"
El comerciante no tenía intenciones de sacrificar a sus hijas.
the merchant had no intentions to sacrifice his daughters

Pero, como le habían dado tiempo, quiso volver a ver a sus hijas.
but, since he was given time, he wanted to see his daughters once more
Así que prometió que volvería.
so he promised he would return
Y la bestia le dijo que podía partir cuando quisiera.
and the Beast told him he might set out when he pleased
y la bestia le dijo una cosa más
and the Beast told him one more thing
"No te irás con las manos vacías"
"you shall not depart empty handed"
"Vuelve a la habitación donde yacías"
"go back to the room where you lay"
"Verás un gran cofre del tesoro vacío"
"you will see a great empty treasure chest"
"Llena el cofre del tesoro con lo que más te guste"
"fill the treasure chest with whatever you like best"
"y enviaré el cofre del tesoro a tu casa"
"and I will send the treasure chest to your home"
Y al mismo tiempo la bestia se retiró.
and at the same time the Beast withdrew
"Bueno", se dijo el buen hombre.
"Well," said the good man to himself
"Si tengo que morir, al menos dejaré algo a mis hijos"
"if I must die, I shall at least leave something to my children"
Así que regresó al dormitorio.
so he returned to the bedchamber
y encontró una gran cantidad de piezas de oro
and he found a great many pieces of gold
Llenó el cofre del tesoro que la bestia había mencionado.
he filled the treasure chest the Beast had mentioned
y sacó su caballo del establo
and he took his horse out of the stable
La alegría que sintió al entrar al palacio ahora era igual al dolor que sintió al salir de él.

the joy he felt when entering the palace was now equal to the grief he felt leaving it
El caballo tomó uno de los caminos del bosque.
the horse took one of the roads of the forest
Y en pocas horas el buen hombre estaba en casa.
and in a few hours the good man was home
Sus hijos vinieron a él
his children came to him
Pero en lugar de recibir sus abrazos con placer, los miró.
but instead of receiving their embraces with pleasure, he looked at them
Levantó la rama que tenía en sus manos.
he held up the branch he had in his hands
y luego estalló en lágrimas
and then he burst into tears
"Belleza", dijo, "por favor toma estas rosas".
"Beauty," he said, "please take these roses"
"No puedes saber lo costosas que han sido estas rosas"
"you can't know how costly these roses have been"
"Estas rosas le han costado la vida a tu padre"
"these roses have cost your father his life"
Y luego contó su fatal aventura.
and then he told of his fatal adventure
Inmediatamente las dos hermanas mayores gritaron.
immediately the two eldest sisters cried out
y le dijeron muchas cosas malas a su hermosa hermana
and they said many mean things to their beautiful sister
Pero Bella no lloró en absoluto.
but Beauty did not cry at all
"Mirad el orgullo de ese pequeño desgraciado", dijeron.
"Look at the pride of that little wretch," said they
"ella no pidió ropa fina"
"she did not ask for fine clothes"
"Ella debería haber hecho lo que hicimos"
"she should have done what we did"
"ella quería distinguirse"

"she wanted to distinguish herself"
"Así que ahora ella será la muerte de nuestro padre"
"so now she will be the death of our father"
"Y aún así no derrama ni una lágrima"
"and yet she does not shed a tear"
"¿Por qué debería llorar?" respondió Bella
"Why should I cry?" answered Beauty
"Llorar sería muy innecesario"
"crying would be very needless"
"mi padre no sufrirá por mí"
"my father will not suffer for me"
"El monstruo aceptará a una de sus hijas"
"the monster will accept of one of his daughters"
"Me ofreceré a toda su furia"
"I will offer myself up to all his fury"
"Estoy muy feliz, porque mi muerte salvará la vida de mi padre"
"I am very happy, because my death will save my father's life"
"mi muerte será una prueba de mi amor"
"my death will be a proof of my love"
-No, hermana -dijeron sus tres hermanos.
"No, sister," said her three brothers
"Eso no será"
"that shall not be"
"Iremos a buscar al monstruo"
"we will go find the monster"
"y o lo matamos..."
"and either we will kill him..."
"...o pereceremos en el intento"
"... or we will perish in the attempt"
"No imaginéis tal cosa, hijos míos", dijo el mercader.
"Do not imagine any such thing, my sons," said the merchant
"El poder de la bestia es tan grande que no tengo esperanzas de que puedas vencerlo"
"the Beast's power is so great that I have no hope you could overcome him"

"**Estoy encantado con la amable y generosa oferta de Bella**"
"I am charmed with Beauty's kind and generous offer"
"**pero no puedo aceptar su generosidad**"
"but I cannot accept to her generosity"
"**Soy viejo y no me queda mucho tiempo de vida**"
"I am old, and I don't have long to live"
"**Así que sólo puedo perder unos pocos años**"
"so I can only loose a few years"
"**Tiempo que lamento por vosotros, mis queridos hijos**"
"time which I regret for you, my dear children"
"**Pero padre**", dijo Bella
"But father," said Beauty
"**No irás al palacio sin mí**"
"you shall not go to the palace without me"
"**No puedes impedir que te siga**"
"you cannot stop me from following you"
Nada podría convencer a Bella de lo contrario.
nothing could convince Beauty otherwise
Ella insistió en ir al bello palacio.
she insisted on going to the fine palace
y sus hermanas estaban encantadas con su insistencia
and her sisters were delighted at her insistence
El comerciante estaba preocupado ante la idea de perder a su hija.
The merchant was worried at the thought of losing his daughter
Estaba tan preocupado que se había olvidado del cofre lleno de oro.
he was so worried that he had forgotten about the chest full of gold
Por la noche se retiró a descansar y cerró la puerta de su habitación.
at night he retired to rest, and he shut his chamber door
Entonces, para su gran asombro, encontró el tesoro junto a su cama.
then, to his great astonishment, he found the treasure by his

bedside
Estaba decidido a no contárselo a sus hijos.
he was determined not to tell his children
Si lo supieran, hubieran querido regresar al pueblo.
if they knew, they would have wanted to return to town
y estaba decidido a no abandonar el campo
and he was resolved not to leave the countryside
Pero él confió a Bella el secreto.
but he trusted Beauty with the secret
Ella le informó que dos caballeros habían llegado.
she informed him that two gentlemen had came
y le hicieron propuestas a sus hermanas
and they made proposals to her sisters
Ella le rogó a su padre que consintiera su matrimonio.
she begged her father to consent to their marriage
y ella le pidió que les diera algo de su fortuna
and she asked him to give them some of his fortune
Ella ya los había perdonado.
she had already forgiven them
Las malvadas criaturas se frotaron los ojos con cebollas.
the wicked creatures rubbed their eyes with onions
Para forzar algunas lágrimas cuando se separaron de su hermana.
to force some tears when they parted with their sister
Pero sus hermanos realmente estaban preocupados.
but her brothers really were concerned
Bella fue la única que no derramó ninguna lágrima.
Beauty was the only one who did not shed any tears
Ella no quería aumentar su malestar.
she did not want to increase their uneasiness
El caballo tomó el camino directo al palacio.
the horse took the direct road to the palace
y hacia la tarde vieron el palacio iluminado
and towards evening they saw the illuminated palace
El caballo volvió a entrar solo en el establo.
the horse took himself into the stable again

Y el buen hombre y su hija entraron en el gran salón.
and the good man and his daughter went into the great hall
Aquí encontraron una mesa espléndidamente servida.
here they found a table splendidly served up
El comerciante no tenía apetito para comer
the merchant had no appetite to eat
Pero Bella se esforzó por parecer alegre.
but Beauty endeavoured to appear cheerful
Ella se sentó a la mesa y ayudó a su padre.
she sat down at the table and helped her father
Pero también pensó para sí misma:
but she also thought to herself:
"La bestia seguramente quiere engordarme antes de comerme"
"Beast surely wants to fatten me before he eats me"
"Por eso ofrece tanto entretenimiento"
"that is why he provides such plentiful entertainment"
Después de haber comido oyeron un gran ruido.
after they had eaten they heard a great noise
Y el comerciante se despidió de su desdichado hijo con lágrimas en los ojos.
and the merchant bid his unfortunate child farewell, with tears in his eyes
Porque sabía que la bestia venía
because he knew the Beast was coming
Bella estaba aterrorizada por su horrible forma.
Beauty was terrified at his horrid form
Pero ella tomó coraje lo mejor que pudo.
but she took courage as well as she could
Y el monstruo le preguntó si venía voluntariamente.
and the monster asked her if she came willingly
-Sí, he venido voluntariamente -dijo temblando.
"yes, I have come willingly," she said trembling
La bestia respondió: "Eres muy bueno"
the Beast responded, "You are very good"
"Y te lo agradezco mucho, hombre honesto"

"and I am greatly obliged to you; honest man"
"Continuad vuestro camino mañana por la mañana"
"go your ways tomorrow morning"
"Pero nunca pienses en venir aquí otra vez"
"but never think of coming here again"
"Adiós bella, adiós bestia", respondió.
"Farewell Beauty, farewell Beast," he answered
Y de inmediato el monstruo se retiró.
and immediately the monster withdrew
"Oh, hija", dijo el comerciante.
"Oh, daughter," said the merchant
y abrazó a su hija una vez más
and he embraced his daughter once more
"Estoy casi muerto de miedo"
"I am almost frightened to death"
"Créeme, será mejor que regreses"
"believe me, you had better go back"
"déjame quedarme aquí, en tu lugar"
"let me stay here, instead of you"
—No, padre —dijo Bella con tono decidido.
"No, father," said Beauty, in a resolute tone
"Partirás mañana por la mañana"
"you shall set out tomorrow morning"
"déjame al cuidado y protección de la providencia"
"leave me to the care and protection of providence"
Aún así se fueron a la cama
nonetheless they went to bed
Pensaron que no cerrarían los ojos en toda la noche.
they thought they would not close their eyes all night
pero justo cuando se acostaron se durmieron
but just as they lay down they slept
Bella soñó que una bella dama se acercó y le dijo:
Beauty dreamed a fine lady came and said to her:
"Estoy contento, bella, con tu buena voluntad"
"I am content, Beauty, with your good will"
"Esta buena acción tuya no quedará sin recompensa"

"this good action of yours shall not go unrewarded"
Bella se despertó y le contó a su padre su sueño.
Beauty waked and told her father her dream
El sueño ayudó a consolarlo un poco.
the dream helped to comfort him a little
Pero no pudo evitar llorar amargamente mientras se marchaba.
but he could not help crying bitterly as he was leaving
Tan pronto como se fue, Bella se sentó en el gran salón y lloró también.
as soon as he was gone, Beauty sat down in the great hall and cried too
Pero ella decidió no sentirse inquieta.
but she resolved not to be uneasy
Ella decidió ser fuerte por el poco tiempo que le quedaba de vida.
she decided to be strong for the little time she had left to live
Porque creía firmemente que la bestia la comería.
because she firmly believed the Beast would eat her
Sin embargo, pensó que también podría explorar el palacio.
however, she thought she might as well explore the palace
y ella quería ver el hermoso castillo
and she wanted to view the fine castle
Un castillo que no pudo evitar admirar.
a castle which she could not help admiring
Era un palacio deliciosamente agradable.
it was a delightfully pleasant palace
y ella se sorprendió muchísimo al ver una puerta
and she was extremely surprised at seeing a door
Y sobre la puerta estaba escrito que era su habitación.
and over the door was written that it was her room
Ella abrió la puerta apresuradamente
she opened the door hastily
y ella quedó completamente deslumbrada con la magnificencia de la habitación.
and she was quite dazzled with the magnificence of the room

Lo que más le llamó la atención fue una gran biblioteca.
what chiefly took up her attention was a large library
Un clavicémbalo y varios libros de música.
a harpsichord and several music books
"Bueno", se dijo a sí misma.
"Well," said she to herself
"Veo que la bestia no dejará que mi tiempo cuelgue pesadamente"
"I see the Beast will not let my time hang heavy"
Entonces reflexionó sobre su situación.
then she reflected to herself about her situation
"Si me hubiera quedado un día, todo esto no estaría aquí"
"If I was meant to stay a day all this would not be here"
Esta consideración le inspiró nuevo coraje.
this consideration inspired her with fresh courage
y tomó un libro de su nueva biblioteca
and she took a book from her new library
y leyó estas palabras en letras doradas:
and she read these words in golden letters:
"Bienvenida Bella, destierra el miedo"
"Welcome Beauty, banish fear"
"Eres reina y señora aquí"
"You are queen and mistress here"
"Di tus deseos, di tu voluntad"
"Speak your wishes, speak your will"
"Aquí la obediencia rápida cumple tus deseos"
"Swift obedience meets your wishes here"
"¡Ay!", dijo ella con un suspiro.
"Alas," said she, with a sigh
"Lo que más deseo es ver a mi pobre padre"
"Most of all I wish to see my poor father"
"y me gustaría saber qué está haciendo"
"and I would like to know what he is doing"
Tan pronto como dijo esto se dio cuenta del espejo.
As soon as she had said this she noticed the mirror
Para su gran asombro, vio su propia casa en el espejo.

to her great amazement she saw her own home in the mirror
Su padre llegó emocionalmente agotado.
her father arrived emotionally exhausted
Sus hermanas fueron a recibirlo
her sisters went to meet him
A pesar de sus intentos de parecer tristes, su alegría era visible.
despite their attempts to appear sorrowful, their joy was visible
Un momento después todo desapareció
a moment later everything disappeared
Y las aprensiones de Bella también desaparecieron.
and Beauty's apprehensions disappeared too
porque sabía que podía confiar en la bestia
for she knew she could trust the Beast
Al mediodía encontró la cena lista.
At noon she found dinner ready
Ella se sentó a la mesa
she sat herself down at the table
y se entretuvo con un concierto de música
and she was entertained with a concert of music
Aunque no podía ver a nadie
although she couldn't see anybody
Por la noche se sentó a cenar otra vez
at night she sat down for supper again
Esta vez escuchó el ruido que hizo la bestia.
this time she heard the noise the Beast made
y ella no pudo evitar estar aterrorizada
and she could not help being terrified
"belleza", dijo el monstruo
"Beauty," said the monster
"¿Me permites comer contigo?"
"do you allow me to eat with you?"
"Haz lo que quieras", respondió Bella temblando.
"do as you please," Beauty answered trembling
"No", respondió la bestia.

"No," replied the Beast
"Sólo tú eres la señora aquí"
"you alone are mistress here"
"Puedes despedirme si soy problemático"
"you can send me away if I'm troublesome"
"Despídeme y me retiraré inmediatamente"
"send me away and I will immediately withdraw"
-Pero dime, ¿no te parece que soy muy fea?
"But, tell me; do you not think I am very ugly?"
"Eso es verdad", dijo Bella.
"That is true," said Beauty
"No puedo decir una mentira"
"I cannot tell a lie"
"Pero creo que tienes muy buen carácter"
"but I believe you are very good natured"
"Sí, lo soy", dijo el monstruo.
"I am indeed," said the monster
"Pero aparte de mi fealdad, tampoco tengo sentido"
"But apart from my ugliness, I also have no sense"
"Sé muy bien que soy una criatura tonta"
"I know very well that I am a silly creature"
—No es ninguna locura pensar así —replicó Bella.
"It is no sign of folly to think so," replied Beauty
"Come entonces, bella", dijo el monstruo.
"Eat then, Beauty," said the monster
"Intenta divertirte en tu palacio"
"try to amuse yourself in your palace"
"Todo aquí es tuyo"
"everything here is yours"
"Y me sentiría muy incómodo si no fueras feliz"
"and I would be very uneasy if you were not happy"
-Eres muy servicial -respondió Bella.
"You are very obliging," answered Beauty
"Admito que estoy complacido con su amabilidad"
"I admit I am pleased with your kindness"
"Y cuando considero tu bondad, apenas noto tus

deformidades"
"and when I consider your kindness, I hardly notice your deformities"
"Sí, sí", dijo la bestia, "mi corazón es bueno".
"Yes, yes," said the Beast, "my heart is good
"Pero aunque soy bueno, sigo siendo un monstruo"
"but although I am good, I am still a monster"
"Hay muchos hombres que merecen ese nombre más que tú"
"There are many men that deserve that name more than you"
"Y te prefiero tal como eres"
"and I prefer you just as you are"
"y te prefiero más que a aquellos que esconden un corazón ingrato"
"and I prefer you more than those who hide an ungrateful heart"
"Si tuviera algo de sentido común", respondió la bestia.
"if only I had some sense," replied the Beast
"Si tuviera sentido común, te haría un buen cumplido para agradecerte"
"if I had sense I would make a fine compliment to thank you"
"Pero soy tan aburrida"
"but I am so dull"
"Sólo puedo decir que le estoy muy agradecido"
"I can only say I am greatly obliged to you"
Bella comió una cena abundante
Beauty ate a hearty supper
y ella casi había superado su miedo al monstruo
and she had almost conquered her dread of the monster
Pero ella quería desmayarse cuando la bestia le hizo la siguiente pregunta.
but she wanted to faint when the Beast asked her the next question
"Belleza, ¿quieres ser mi esposa?"
"Beauty, will you be my wife?"
Ella tardó un tiempo antes de poder responder.
she took some time before she could answer

Porque tenía miedo de hacerlo enojar
because she was afraid of making him angry
Al final, sin embargo, dijo: "No, bestia".
at last, however, she said "no, Beast"
Inmediatamente el pobre monstruo silbó muy espantosamente.
immediately the poor monster hissed very frightfully
y todo el palacio hizo eco
and the whole palace echoed
Pero Bella pronto se recuperó de su susto.
but Beauty soon recovered from her fright
porque la bestia volvió a hablar con voz triste
because Beast spoke again in a mournful voice
"Entonces adiós, belleza"
"then farewell, Beauty"
y sólo se volvía de vez en cuando
and he only turned back now and then
mirarla mientras salía
to look at her as he went out
Ahora Bella estaba sola otra vez
now Beauty was alone again
Ella sintió mucha compasión
she felt a great deal of compassion
"Ay, es una lástima"
"Alas, it is a thousand pities"
"algo tan bueno no debería ser tan feo"
"anything so good natured should not be so ugly"
Bella pasó tres meses muy contenta en palacio.
Beauty spent three months very contentedly in the palace
Todas las noches la bestia le hacía una visita.
every evening the Beast paid her a visit
y hablaron durante la cena
and they talked during supper
Hablaban con sentido común
they talked with common sense
Pero no hablaban con lo que la gente llama ingenio.

but they didn't talk with what people call wittiness
Bella siempre descubre algún carácter valioso en la bestia.
Beauty always discovered some valuable character in the Beast
y ella se había acostumbrado a su deformidad
and she had gotten used to his deformity
Ella ya no temía el momento de su visita.
she didn't dread the time of his visit anymore
Ahora a menudo miraba su reloj.
now she often looked at her watch
y ella no podía esperar a que fueran las nueve en punto
and she couldn't wait for it to be nine o'clock
Porque la bestia nunca dejaba de venir a esa hora
because the Beast never missed coming at that hour
Sólo había una cosa que preocupaba a Bella.
there was only one thing that concerned Beauty
Todas las noches antes de irse a dormir la bestia le hacía la misma pregunta.
every night before she went to bed the Beast asked her the same question
El monstruo le preguntó si sería su esposa.
the monster asked her if she would be his wife
Un día ella le dijo: "bestia, me pones muy nerviosa"
one day she said to him, "Beast, you make me very uneasy"
"Me gustaría poder consentir en casarme contigo"
"I wish I could consent to marry you"
"Pero soy demasiado sincero para hacerte creer que me casaría contigo"
"but I am too sincere to make you believe I would marry you"
"nuestro matrimonio nunca se realizará"
"our marriage will never happen"
"Siempre te veré como un amigo"
"I shall always see you as a friend"
"Por favor, trate de estar satisfecho con esto"
"please try to be satisfied with this"
"Debo estar satisfecho con esto", dijo la bestia.

"I must be satisfied with this," said the Beast
"Conozco mi propia desgracia"
"I know my own misfortune"
"pero te amo con el más tierno cariño"
"but I love you with the tenderest affection"
"Sin embargo, debo considerarme feliz"
"However, I ought to consider myself as happy"
"Y me alegraría que te quedaras aquí"
"and I should be happy that you will stay here"
"Prométeme que nunca me dejarás"
"promise me never to leave me"
Bella se sonrojó ante estas palabras.
Beauty blushed at these words
Un día Bella se estaba mirando en el espejo.
one day Beauty was looking in her mirror
Su padre se había preocupado muchísimo por ella.
her father had worried himself sick for her
Ella anhelaba verlo de nuevo más que nunca.
she longed to see him again more than ever
"Podría prometerte que nunca te abandonaré por completo"
"I could promise never to leave you entirely"
"Pero tengo un deseo tan grande de ver a mi padre"
"but I have so great a desire to see my father"
"Me molestaría muchísimo si dijeras que no"
"I would be impossibly upset if you say no"
"Preferiría morir yo mismo", dijo el monstruo.
"I had rather die myself," said the monster
"Prefiero morir antes que hacerte sentir incómodo"
"I would rather die than make you feel uneasiness"
"Te enviaré con tu padre"
"I will send you to your father"
"permanecerás con él"
"you shall remain with him"
"y esta desafortunada bestia morirá de pena en su lugar"
"and this unfortunate Beast will die with grief instead"
"No", dijo Bella, llorando.

"No," said Beauty, weeping
"Te amo demasiado para ser la causa de tu muerte"
"I love you too much to be the cause of your death"
"Te doy mi promesa de regresar en una semana"
"I give you my promise to return in a week"
"Me has demostrado que mis hermanas están casadas"
"You have shown me that my sisters are married"
"y mis hermanos se han ido al ejército"
"and my brothers have gone to the army"
"déjame quedarme una semana con mi padre, ya que está solo"
"let me stay a week with my father, as he is alone"
"Estarás allí mañana por la mañana", dijo la bestia.
"You shall be there tomorrow morning," said the Beast
"pero recuerda tu promesa"
"but remember your promise"
"Solo tienes que dejar tu anillo sobre una mesa antes de irte a dormir"
"You need only lay your ring on a table before you go to bed"
"Y luego serás traído de regreso antes de la mañana"
"and then you will be brought back before the morning"
"Adiós querida belleza", suspiró la bestia.
"Farewell dear Beauty," sighed the Beast
Bella se fue a la cama muy triste esa noche.
Beauty went to bed very sad that night
Porque no quería ver a la bestia tan preocupada.
because she didn't want to see Beast so worried
A la mañana siguiente se encontró en la casa de su padre.
the next morning she found herself at her father's home
Ella hizo sonar una campanita junto a su cama.
she rung a little bell by her bedside
y la criada dio un grito fuerte
and the maid gave a loud shriek
y su padre corrió escaleras arriba
and her father ran upstairs
Él pensó que iba a morir de alegría.

he thought he was going to die with joy
La sostuvo en sus brazos durante un cuarto de hora.
he held her in his arms for quarter of an hour
Finalmente los primeros saludos terminaron.
eventually the first greetings were over
Bella empezó a pensar en levantarse de la cama.
Beauty began to think of getting out of bed
pero se dio cuenta de que no había traído ropa
but she realized she had brought no clothes
pero la criada le dijo que había encontrado una caja
but the maid told her she had found a box
El gran baúl estaba lleno de vestidos y batas.
the large trunk was full of gowns and dresses
Cada vestido estaba cubierto de oro y diamantes.
each gown was covered with gold and diamonds
Bella agradeció a la Bestia por su amable atención.
Beauty thanked Beast for his kind care
y tomó uno de los vestidos más sencillos
and she took one of the plainest of the dresses
Ella tenía la intención de regalar los otros vestidos a sus hermanas.
she intended to give the other dresses to her sisters
Pero ante ese pensamiento el arcón de ropa desapareció.
but at that thought the chest of clothes disappeared
La bestia había insistido en que la ropa era solo para ella.
Beast had insisted the clothes were for her only
Su padre le dijo que ese era el caso.
her father told her that this was the case
Y enseguida volvió el baúl de la ropa.
and immediately the trunk of clothes came back again
Bella se vistió con su ropa nueva
Beauty dressed herself with her new clothes
Y mientras tanto las doncellas fueron a buscar a sus hermanas.
and in the meantime maids went to find her sisters
Ambas hermanas estaban con sus maridos.

both her sister were with their husbands
Pero sus dos hermanas estaban muy infelices.
but both her sisters were very unhappy
Su hermana mayor se había casado con un caballero muy guapo.
her eldest sister had married a very handsome gentleman
Pero estaba tan enamorado de sí mismo que descuidó a su esposa.
but he was so fond of himself that he neglected his wife
Su segunda hermana se había casado con un hombre ingenioso.
her second sister had married a witty man
Pero usó su ingenio para atormentar a la gente.
but he used his wittiness to torment people
Y atormentaba a su esposa sobre todo.
and he tormented his wife most of all
Las hermanas de Bella la vieron vestida como una princesa
Beauty's sisters saw her dressed like a princess
y se enfermaron de envidia
and they were sickened with envy
Ahora estaba más bella que nunca
now she was more beautiful than ever
Su comportamiento cariñoso no pudo sofocar sus celos.
her affectionate behaviour could not stifle their jealousy
Ella les contó lo feliz que estaba con la bestia.
she told them how happy she was with the Beast
y sus celos estaban a punto de estallar
and their jealousy was ready to burst
Bajaron al jardín a llorar su desgracia.
They went down into the garden to cry about their misfortune
"¿En qué sentido esta pequeña criatura es mejor que nosotros?"
"In what way is this little creature better than us?"
"¿Por qué debería estar mucho más feliz?"
"Why should she be so much happier?"
"Hermana", dijo la hermana mayor.

"Sister," said the older sister
"Un pensamiento acaba de golpear mi mente"
"a thought just struck my mind"
"Intentemos mantenerla aquí más de una semana"
"let us try to keep her here for more than a week"
"Quizás esto enfurezca al tonto monstruo"
"perhaps this will enrage the silly monster"
"porque ella hubiera faltado a su palabra"
"because she would have broken her word"
"y entonces podría devorarla"
"and then he might devour her"
"Esa es una gran idea", respondió la otra hermana.
"that's a great idea," answered the other sister
"Debemos mostrarle la mayor amabilidad posible"
"we must show her as much kindness as possible"
Las hermanas tomaron esta resolución
the sisters made this their resolution
y se comportaron con mucho cariño con su hermana
and they behaved very affectionately to their sister
La pobre belleza lloró de alegría por toda su bondad.
poor Beauty wept for joy from all their kindness
Cuando la semana se cumplió, lloraron y se arrancaron el pelo.
when the week was expired, they cried and tore their hair
Parecían muy apenados por separarse de ella.
they seemed so sorry to part with her
y Bella prometió quedarse una semana más
and Beauty promised to stay a week longer
Mientras tanto, Bella no pudo evitar reflexionar sobre sí misma.
In the meantime, Beauty could not help reflecting on herself
Ella se preocupaba por lo que le estaba haciendo a la pobre bestia.
she worried what she was doing to poor Beast
Ella sabía que lo amaba sinceramente.
she know that she sincerely loved him

Y ella realmente anhelaba verlo otra vez.
and she really longed to see him again
La décima noche también la pasó en casa de su padre.
the tenth night she spent at her father's too
Ella soñó que estaba en el jardín del palacio.
she dreamed she was in the palace garden
y soñó que veía a la bestia extendida sobre la hierba
and she dreamt she saw the Beast extended on the grass
Parecía reprocharle con voz moribunda
he seemed to reproach her in a dying voice
y la acusó de ingratitud
and he accused her of ingratitude
Bella se despertó de su sueño.
Beauty woke up from her sleep
y ella estalló en lágrimas
and she burst into tears
"¿No soy muy malvado?"
"Am I not very wicked?"
"¿No fue cruel de mi parte actuar tan cruelmente con la bestia?"
"Was it not cruel of me to act so unkindly to the Beast?"
"La bestia hizo todo lo posible para complacerme"
"Beast did everything to please me"
-¿Es culpa suya que sea tan feo?
"Is it his fault that he is so ugly?"
¿Es culpa suya que tenga tan poco ingenio?
"Is it his fault that he has so little wit?"
"Él es amable y bueno, y eso es suficiente"
"He is kind and good, and that is sufficient"
"¿Por qué me negué a casarme con él?"
"Why did I refuse to marry him?"
"Debería estar feliz con el monstruo"
"I should be happy with the monster"
"Mira los maridos de mis hermanas"
"look at the husbands of my sisters"
"ni el ingenio ni la belleza los hacen buenos"

"neither wittiness, nor a being handsome makes them good"
"Ninguno de sus maridos las hace felices"
"neither of their husbands makes them happy"
"pero virtud, dulzura de carácter y paciencia"
"but virtue, sweetness of temper, and patience"
"Estas cosas hacen feliz a una mujer"
"these things make a woman happy"
"y la bestia tiene todas estas valiosas cualidades"
"and the Beast has all these valuable qualities"
"Es cierto; no siento la ternura del afecto por él"
"it is true; I do not feel the tenderness of affection for him"
"Pero encuentro que tengo la más alta gratitud por él"
"but I find I have the highest gratitude for him"
"y tengo por él la más alta estima"
"and I have the highest esteem of him"
"y él es mi mejor amigo"
"and he is my best friend"
"No lo haré miserable"
"I will not make him miserable"
"Si fuera tan desagradecido nunca me lo perdonaría"
"If were I to be so ungrateful I would never forgive myself"
Bella puso su anillo sobre la mesa.
Beauty put her ring on the table
y ella se fue a la cama otra vez
and she went to bed again
Apenas estaba en la cama cuando se quedó dormida.
scarce was she in bed before she fell asleep
Ella se despertó de nuevo a la mañana siguiente.
she woke up again the next morning
Y ella estaba muy contenta de encontrarse en el palacio de la bestia.
and she was overjoyed to find herself in the Beast's palace
Ella se puso uno de sus vestidos más bonitos para complacerlo.
she put on one of her nicest dress to please him
y ella esperó pacientemente la tarde

and she patiently waited for evening
llegó la hora deseada
at last the wished-for hour came
El reloj dio las nueve, pero ninguna bestia apareció
the clock struck nine, yet no Beast appeared
Bella entonces temió haber sido la causa de su muerte.
Beauty then feared she had been the cause of his death
Ella corrió llorando por todo el palacio.
she ran crying all around the palace
Después de haberlo buscado por todas partes, recordó su sueño.
after having sought for him everywhere, she remembered her dream
y ella corrió hacia el canal en el jardín
and she ran to the canal in the garden
Allí encontró a la pobre bestia tendida.
there she found poor Beast stretched out
y estaba segura de que lo había matado
and she was sure she had killed him
Ella se arrojó sobre él sin ningún temor.
she threw herself upon him without any dread
Su corazón todavía latía
his heart was still beating
Ella fue a buscar un poco de agua al canal.
she fetched some water from the canal
y derramó el agua sobre su cabeza
and she poured the water on his head
La bestia abrió los ojos y le habló a Bella.
the Beast opened his eyes and spoke to Beauty
"Olvidaste tu promesa"
"You forgot your promise"
"Me rompió el corazón haberte perdido"
"I was so heartbroken to have lost you"
"Resolví morirme de hambre"
"I resolved to starve myself"
"pero tengo la felicidad de verte una vez más"

"but I have the happiness of seeing you once more"
"Así tengo el placer de morir satisfecho"
"so I have the pleasure of dying satisfied"
"No, querida bestia", dijo Bella, "no debes morir".
"No, dear Beast," said Beauty, "you must not die"
"Vive para ser mi marido"
"Live to be my husband"
"Desde este momento te doy mi mano"
"from this moment I give you my hand"
"Y juro no ser nadie más que tuyo"
"and I swear to be none but yours"
"¡Ay! Creí que sólo tenía una amistad para ti"
"Alas! I thought I had only a friendship for you"
"Pero el dolor que ahora siento me convence;"
"but the grief I now feel convinces me;"
"No puedo vivir sin ti"
"I cannot live without you"
Bella apenas había dicho estas palabras cuando vio una luz.
Beauty scarce had said these words when she saw a light
El palacio brillaba con luz
the palace sparkled with light
Los fuegos artificiales iluminaron el cielo
fireworks lit up the sky
y el aire se llenó de música
and the air filled with music
Todo daba aviso de algún gran acontecimiento
everything gave notice of some great event
Pero nada podía captar su atención.
but nothing could hold her attention
Ella se volvió hacia su querida bestia.
she turned to her dear Beast
La bestia por la que ella temblaba de miedo
the Beast for whom she trembled with fear
¡Pero su sorpresa fue grande por lo que vio!
but her surprise was great at what she saw!
La bestia había desaparecido

the Beast had disappeared
En cambio, vio al príncipe más encantador.
instead she saw the loveliest prince
Ella había puesto fin al hechizo.
she had put an end to the spell
Un hechizo bajo el cual se parecía a una bestia.
a spell under which he resembled a Beast
Este príncipe era digno de toda su atención.
this prince was worthy of all her attention
Pero no pudo evitar preguntar dónde estaba la bestia.
but she could not help but ask where the Beast was
"Lo ves a tus pies", dijo el príncipe.
"You see him at your feet," said the prince
"Un hada malvada me había condenado"
"A wicked fairy had condemned me"
"Debía permanecer en esa forma hasta que una hermosa princesa aceptara casarse conmigo"
"I was to remain in that shape until a beautiful princess agreed to marry me"
"El hada ocultó mi entendimiento"
"the fairy hid my understanding"
"Fuiste el único lo suficientemente generoso como para quedar encantado con la bondad de mi temperamento"
"you were the only one generous enough to be charmed by the goodness of my temper"
Bella quedó felizmente sorprendida
Beauty was happily surprised
Y le dio la mano al príncipe encantador.
and she gave the charming prince her hand
Entraron juntos al castillo
they went together into the castle
Y Bella se alegró mucho al encontrar a su padre en el castillo.
and Beauty was overjoyed to find her father in the castle
y toda su familia estaba allí también
and her whole family were there too
Incluso Bella dama que apareció en su sueño estaba allí.

even the beautiful lady that appeared in her dream was there
"Belleza", dijo la dama del sueño.
"Beauty," said the lady from the dream
"ven y recibe tu recompensa"
"come and receive your reward"
"Has preferido la virtud al ingenio o la apariencia"
"you have preferred virtue over wit or looks"
"Y tú mereces a alguien en quien se unan estas cualidades"
"and you deserve someone in whom these qualities are united"
"vas a ser una gran reina"
"you are going to be a great queen"
"Espero que el trono no disminuya vuestra virtud"
"I hope the throne will not lessen your virtue"
Entonces el hada se volvió hacia las dos hermanas.
then the fairy turned to the two sisters
"He visto dentro de vuestros corazones"
"I have seen inside your hearts"
"Y sé toda la malicia que contienen vuestros corazones"
"and I know all the malice your hearts contain"
"Ustedes dos se convertirán en estatuas"
"you two will become statues"
"pero mantendréis vuestras mentes"
"but you will keep your minds"
"estarás a las puertas del palacio de tu hermana"
"you shall stand at the gates of your sister's palace"
"La felicidad de tu hermana será tu castigo"
"your sister's happiness shall be your punishment"
"No podréis volver a vuestros antiguos estados"
"you won't be able to return to your former states"
"A menos que ambos admitan sus errores"
"unless, you both admit your faults"
"Pero preveo que siempre permaneceréis como estatuas"
"but I am foresee that you will always remain statues"
"El orgullo, la ira, la gula y la ociosidad a veces se vencen"
"pride, anger, gluttony, and idleness are sometimes

conquered"
" **pero la conversión de las mentes envidiosas y maliciosas son milagros**"
"but the conversion of envious and malicious minds are miracles"
Inmediatamente el hada dio un golpe con su varita.
immediately the fairy gave a stroke with her wand
Y en un momento todos los que estaban en el salón fueron transportados.
and in a moment all that were in the hall were transported
Habían entrado en los dominios del príncipe.
they had gone into the prince's dominions
Los súbditos del príncipe lo recibieron con alegría.
the prince's subjects received him with joy
El sacerdote casó a Bella y la bestia
the priest married Beauty and the Beast
y vivió con ella muchos años
and he lived with her many years
y su felicidad era completa
and their happiness was complete
porque su felicidad estaba fundada en la virtud
because their happiness was founded on virtue

El fin
The End

www.tranzlaty.com

www.ingramcontent.com/pod-product-compliance
Lightning Source LLC
Chambersburg PA
CBHW011554070526
44585CB00023B/2601